Bewegtes Lernen in Englisch

Anfangsunterricht in der Grundschule

Didaktisch-methodische Anregungen

2. neu bearbeitete Auflage

Autoren: Christina Müller
Arndt Ciecinski
Ralf Schlöffel

ACADEMIA Verlag Sankt Augustin

Bibliografische Informationen Der Deutschen Bibliothek
Die Deutsche Bibliothek verzeichnet diese Publikation in der Deutschen Nationalbibliografie: detaillierte bibliografische Daten sind im Internet über http://dnb.ddb.de abrufbar.

ISBN 978-3-89665-688-9

2. neu bearb. Auflage 2016

Bahnstraße 7, D-53757 Sankt Augustin
Internet: www.academia-verlag.de
E-mail: kontakt@academia-verlag.de

Printed in Germany

Inhaltsverzeichnis Englisch/Anfangsunterricht

Einleitung

		2.4 Zahlen bilden			
Über-greifend	1.23 Bildkarten verstecken 1.24 Wo bin ich? 1.25 Make a jump! 1.26 Schlüsselwörter 1.27 Wörter erraten 1.28 Musikstopp 1.29 Platzwechsel 1.30 Wörter bilden 1.31 Right or wrong? 1.32 Yes and no 1.33 Kleine Spiele	2.5 War das Bild dabei? 2.6 Hüpfspiel 2.7 Darstellen von Gegenständen 2.8 Staffelwettbewerb 2.9 Catch the word	3.1 Flaschen drehen 3.2 Vokabelpaare 3.3 Satzpuzzle 3.4 Zielwerfen 3.5 Lückentextstaffel	4.3 Rückenschreiben 4.4 Vokabeln sortieren 4.5 Wanderdiktat	

Unser Dank gilt folgenden Wissenschaftlern und Kollegen, die mit ihren Ideen und fachlichen Ratschlägen die Überarbeitung der Beispiele unterstützten:

Frau Angela Seidel Grundschullehrerin, Grundschule Neundorf
Frau Hansi Unger Grundschullehrerin, Grundschule Burgstein/Krebes

Layout: Karla Edelmann, Leipzig, Christina Müller & Ralf Schlöffel, Leipzig

Zeichnungen: Heide Hoeht, Berlin (5.5), Simone Biewald, Dresden (4.2), Maria Kupke (1.23, 2.1) & Lisa Pernek (2.1, 2.6.), Leipzig, Ann Hamann, Leipzig (2.4), Fanny Reuther, Leipzig (2.9)

Anmerkung:
Männliche Personenbezeichnungen (Lehrer, Schüler) gelten in diesen didaktisch-methodischen Anregungen gleichermaßen für Personen weiblichen Geschlechts.

Bewegtes Lernen als Teilbereich einer bewegten Schule

Kinder brauchen Bewegung, um sich in ihrer Gesamtpersönlichkeit harmonisch entwickeln zu können. Bewegung ist das Medium, die Umwelt zu erkennen und zu gestalten (Grupe, 1982, S. 72). Durch Bewegung nehmen Kinder ihre Umwelt differenzierter wahr und sammeln vielfältige Erfahrungen. Bewegung unterstützt das Lernen. Spielerisches Sich-Bewegen fördert positive Lebensäußerungen und damit Gesundheit und Wohlbefinden. Die Erprobung von Bewegungsabläufen, eine realisitische Selbsteinschätzung sowie das Erleben eigener Grenzen und eigenen Könnens tragen wesentlich zu einer positiven Selbsterfahrung bei. Darüber hinaus entwickeln sich im gemeinsamen Tun mit anderen Kindern Kooperations- und Kommunikationsfähigkeit. Als weitere wichtige Zielbereiche sind Spielfähigkeit und Bewegungssicherheit zu nennen. (Müller, 2010, S. 20-30)

Kinder haben aber zu wenig Bewegung, denn sie sind in Abhängigkeit von ihren individuellen Bedingungen von einer zunehmend von Bewegungseinschränkungen charakterisierten Welt umgeben. Als zentrale Stichworte können gelten: Einengung und Spielfeindlichkeit der Bewegungsräume, Dominanz bewegungsarmer Freizeittätigkeiten, Tendenz zur „Verhäuslichung" und damit Rückzug aus dem Bewegungsraum Natur u. a. Der Zustand dauernder Bewegungsunterdrückung wird noch verstärkt durch einen den Schulalltag häufig bestimmenden typischen „Sitzunterricht". Folgen sind zunehmende gesundheitliche Schwächen und Schäden (Haltungsschwächen u. a.), Konzentrationsschwäche, Hyperaktivität, Auffälligkeiten im Arbeits- und Sozialverhalten, erhöhte Aggressivität, eingeschränkte Leistungsfähigkeit, Unfallhäufigkeiten. (Müller, 2010, S. 31-34)

Ansätze zur Problemlösung zu finden, ist ein gesamtgesellschaftliches Anliegen, in das sich unterschiedliche Ebenen einzubringen haben. Schule sollte insgesamt den Bewegungsaktivitäten der Kinder und Jugendlichen mehr Raum bieten und konsequent ein Lernen mit allen Sinnen, also auch dem Bewegungssinn, ermöglichen. Deshalb muss Schule in diesem Sinne zu einer **bewegten Schule** werden.

Folgende Bereiche einer bewegten (Grund-)Schule können ausdifferenziert werden (Müller & Petzold, 2014, S. 36):

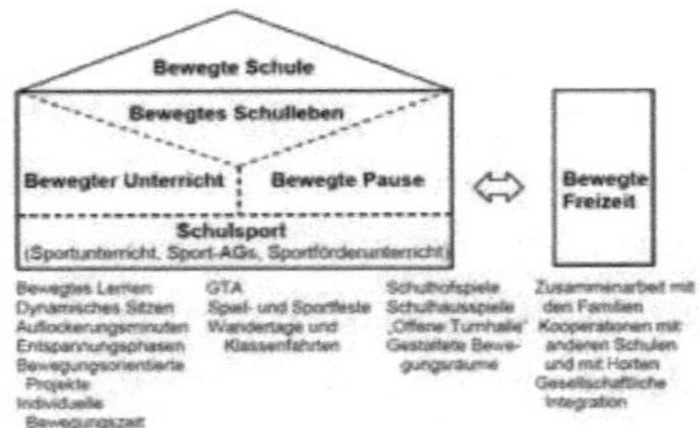

Die vorliegenden didaktisch-methodischen Anregungen beziehen sich auf den Teilbereich bewegtes Lernen, der in einen bewegten Unterricht eingeordnet werden kann. Verbindungen zu anderen Bereichen werden angedeutet. Die einzelnen Karteikarten können herausgetrennt und den jeweiligen Unterrichtsstunden zugeordnet werden.

Zusätzliche Informationszugänge durch Bewegung

Traditionell geschieht Lernen vorrangig durch Informationsaufnahme über die Analysatoren des äußeren Regelkreises: Das Kind *hört* den Laut und *sieht* den entsprechenden Buchstaben an der Tafel. Doch der Mensch hat mehr als diese zwei Sinne. Riechen, Schmecken und Tasten ergänzen die oft zitierten fünf Sinne. Je nach Literaturquelle findet man Unterteilungen in mehr als zehn Sinne. Das Konzept der bewegten Schule sieht vor allem den Bewegungssinn (kinästhetischer Analysator) als wertvollen zusätzlichen Informationszugang an. Hinzu kommt ein weiterer zum inneren Regelkreis gehörender Sinn - der Gleichgewichtssinn. Die Rezeptoren des kinästhetischen Analysators liegen über den gesamten Körper verteilt in den Muskeln, Sehnen, Bändern und Gelenken. Informationen erfolgen also nicht über die Umwelt, sondern über den Körper und die eigene Bewegung. (Müller, 2010, S. 54)

Der Lernprozess im Englisch Anfangsunterricht kann über folgende Möglichkeiten Unterstützung erfahren:

So können die Schüler mit dem Körper die Schreibweise von neuen Wörtern wahrnehmen und sprachliche Strukturen durch Bewegung im Raum erleben (s. 4.3 „Rückenschreiben", 2.3 „Die richtige Folge"). Sie können die Fremdsprache sowie landeskundliches Wissen über Bewegungshandlungen erleben (s. 5.3 „Meilenlauf"). Gehörtes oder Gesehenes kann pantomimisch wiedergegeben und Alltagssituationen szenisch gestaltet werden (s. 2.2 „Welche Sportart?", 1.8 „Am Imbissstand"). Bewegungsaktivitäten können gemeinsam geplant und durchgeführt werden (s. 5.4 „Fangspiele aus Großbritannien").

Alle aufgeführten Möglichkeiten geben dem Kind zusätzliche Informationen über den Lerngegenstand und unterstützen damit den Lernprozess.

Darüber hinaus fördert diese Art des Unterrichts die Motivation. Der Schüler erhält die Möglichkeit, sich in seinem Tun und Lernen voll zu entfalten. Der Lernprozess erfolgt nicht nur mündlich und schriftlich, sondern auch über die körperliche Darstellung. Lernprozesse, die unter Mitwirkung von Bewegung entstehen, erfolgen meist durch Zusammenarbeit mehrerer Schüler. Gruppenbilder müssen abgesprochen, Arbeitsschritte gemeinsam geplant werden. Dies fördert auch die Sozialkompetenz.

Zusätzlicher Informationszugang	Beispiele	
mit dem Körper Gegenstände oder die Schreibweise von Wörtern *wahrnehmen*	1.30 Wörter bilden 4.3 Rückenschreiben	
sprachliche Strukturen durch Bewegung im Raum *wahrnehmen*	1.12 Zahlen bilden 2.1 Bildkarten sortieren 2.3 Die richtige Folge	
Fremdsprache über Bewegungs-handlungen *erfahren und erkennen*	1.9 Finde den Gegenstand! 1.11 Numbers 1.13 Bewegtes Rechnen 1.16 Where do the … live?	1.25 Make a jump! 2.6 Hüpfspiel 3.1 Flaschen drehen
landeskundliches Wissen über Bewegung *erleben*	5.2 Englisches Pfund 5.3 Meilenlauf 5.6 Osterspiel	
Gehörtes/Gesehenes pantomimisch *ausdrücken*	1.5 Bewegungslieder 1.7 Simon says 1.10 Die böse 7 1.18 Go on a journey 1.19 We`re going on a bear hunt 1.22 Gedichte darstellen	1.16 Where do the … live? 2.2 Welche Sportart? 2.7 Darstellen von Gegenständen 4.2 Uhrzeiten darstellen 5.1 Darstellen einer Geschichte
Alltagssituationen szenisch *darstellen*	1.8 Am Imbissstand 1.15 We´re going shopping	
Bewegungsaktivitäten gemeinsam *planen und durchführen*	1.33 Kleine Spiele 5.4 Fangspiele aus Großbritannien	

Optimierung der Informationsverarbeitung durch Bewegung

Schule ist traditionell eine „Sitzschule". Lernen scheint vorrangig nur im ruhigen Sitzen möglich. Dabei wurden bereits vor mehr als 2000 Jahren die Schüler von Aristoteles in Wandelhallen unterrichtet (Seele, 2012, S. 16), Mönche promenierten bei geistigen Gesprächen durch die Klostergänge und in früheren Zeiten schrieben Dichter und Gelehrte, wie z. B. J. W. v. Goethe, an Stehpulten und schritten beim Nachdenken im Zimmer auf und ab (Breithecker u. a., 1996, S. 24). Lehrer pflegen auch heute weniger im Sitzen zu arbeiten, sondern sie gehen durch den Unterrichtsraum. Nur die Schüler sollen noch zu häufig beim „Stillsitzen" lernen. Dabei weisen Untersuchungen zu Grundgrößen der Informationsverarbeitung (bei Erwachsenen) nach, dass bereits geringe fahrradergometrische Belastungen die Gehirndurchblutung anregen und dadurch die kognitive Leistungsfähigkeit, insbesondere die Kurzspeicherkapazität und die Lerngeschwindigkeit, ansteigt (Lehr & Fischer, 1994, S. 182).

Überwinden wir unsere pädagogischen Gewohnheiten und ermöglichen den Schülern, Lernen mit Bewegung zu verbinden. Dabei ist nicht der schnaufende und schwitzende Schüler im Englischunterricht gefragt. Zur Optimierung der Informationsverarbeitung reichen bereits Bewegungen mit geringer Intensität aus. (Müller, 2010. S. 67)

Die nachfolgende Beispiele basieren auf diesen theoretischen Positionen, z. B. das Entscheiden über Zustimmung oder Ablehnung zu mündlichen Sprachäußerungen durch Bewegung (s. 1.31 „Right or wrong?") oder das Üben von Vokabeln bzw. sprachlichen Strukturen beim Zuspielen eines Softballes (s. 1.4 „Bälle zuspielen"). Beim Gehen durch den Raum können Monologe und Dialoge geführt (1.3 „Familien"), Aufgaben gelöst (s. 1.27 „Wörter erraten"), Informationen eingeholt (s. 4.1 „Welche Person?") oder Wörter bzw. Redewendungen eingeprägt werden (s. 4.5 „Wanderdiktat"). Beim Wechseln der Plätze ist das Festigen von Kenntnissen möglich (1.29 „Platzwechsel").

Solche und weitere Übungen können als Erweiterung traditioneller Formen des Unterrichtens eingeordnet werden. Neben der verbesserten Sauerstoffversorgung des Gehirns tragen psychische Komponenten (nicht mehr still sitzen zu müssen sowie die Motivationserhöhung durch eigene Aktivität) dazu bei, das Lernen zu erleichtern und eine Schule zu gestalten, die wirklich vom Schüler (und seinem Bewegungsbedürfnis) ausgeht.

Optimierung der Informationsverarbeitung	Beispiele	
durch Bewegung Zustimmung oder Ablehnung zu mündlichen Sprachäußerungen signalisieren	1.2 Step forward if … 1.17 The Millers go to the zoo 1.20 Der Kutscher und das Königspaar 1.23 Bildkarten verstecken	1.26 Schlüsselwörter 1.31 Right or wrong? 1.32 Yes and No 2.5 War das Bild dabei?
beim Zuwerfen eines Balles o. a. sich Vokabeln bzw. sprachliche Strukturen einprägen	1.4 Bälle zuspielen 1.21 Die zwölf Monate 1.28 Musikstopp	3.4 Zielwerfen
beim Gehen (durch den Raum) - Monologe und Dialoge führen	1.3 Familien	1.14 Schätzwert – Messwert
- Aufgaben lösen	1.1 Frage-Antwort-Spiel 1.6 Draw step by step 1.24 Wo bin ich? 1.27 Wörter erraten 2.4 Zahlen bilden	2.8 Staffelwettbewerb 2.9 Catch the word 3.2 Vokabelpaare 3.3 Satzpuzzle 3.5 Lückentextstaffel 4.4 Vokabeln sortieren
- sich Informationen einholen	4.1 Welche Person?	
- sich das Schriftbild einprägen und am Platz aufschreiben	4.5 Wanderdiktat	
Plätze wechseln und dabei den Wortschatz festigen	1.29 Platzwechsel	
unterschiedliche Sitz- und Entlastungshaltungen beim Hören von Texten einnehmen	5.5 Halloween	

Hinweise der Autoren

In die Erarbeitung der Materialsammlung sind Vorschläge von Studierenden und Lehrkräften eingeflossen, die auf umfangreichem Literaturstudium, aber auch eigenen Erfahrungen und Ideen basieren. Dies erschwert zum Teil den Nachweis der ursprünglichen Quellenangaben. Durch die Anbindung an das sächsische Projekt erfolgte eine Orientierung an den Lehrplänen in Sachsen, ergänzt durch eine Ananalyse von Lehrplänen/Richtlinien anderer Bundesländer. Da eine Reihe von Inhalten und Themen in den einzelnen Bundesländern in unterschiedlichen Klassenstufen aufzufinden ist, wird meist eine unverbindliche Spannbreite über mehrere Klassen angegeben. Insgesamt sind die Beispiele der Materialsammlung als Anregungen zu verstehen, die entsprechend der konkreten Bedingungen sowie der aktuellen Klassensituation ausgewählt und verändert werden müssen. Außerdem soll dazu angehalten werden, selbst neue Beispiele auszuprobieren und zu ergänzen.

Seit dem Erscheinen der 1. Auflage sind über zehn Jahre vergangen, in denen das Konzept der bewegten Schule und der Schwerpunkt des bewegten Lernens in einer Reihe von Schulen erfolgreich umgesetzt werden konnte. Die dabei gesammelten Erfahrungen sowie neue Überlegungen bilden die Grundlage für die jetzt vorliegende Bearbeitung. Die 2. Auflage wurde vor allem durch neue Beispiele und Varianten sowie Konkretisierungen auf den Rückseiten der Karteikarten ergänzt. Für Zuarbeiten danken wir Maria Kupke und Lisa Pernek.

Literatur:

Asher, J. (2003). *Total Physical Response.*Los Gatos: Sky Oaks Productions.

Breithecker, D. u. a. (1996). In die Schule kommt Bewegung. Haltungs- und Gesundheitsvorsorge in einem „bewegten Unterricht". *Haltung und Bewegung, 16* (2), 5-47.

Carle, E. (1999). *From head to toe.* New York: Harper Collins.

Gompf, G. (1995). *Here we go*. Lehrerhandbuch Teil 2. Leipzig: Klett.

Grupe, O. (1982). *Bewegung, Spiel und Leistung im Sport*. Schorndorf: Hofmann Verlag.

Kupke, M. (2016). *Ergänzungen zum bewegten Lernen in Englisch.* Hausarbeit. Leipzig: Sportwissenschaftliche Fakultät.

Lehrl, S. & Fischer, B. (1994). *Gehirn-Jogging. Selber denken macht fit* (4. überarb. Aufl.). Ebersberg: VLESS-Verlag.

Lukácsy, A. (1983). *Spiele aus aller Welt*. Berlin: Verlag für die Frau.

Müller, Chr. (2010). *Bewegte Grundschule. Aspekte einer Didaktik der Bewegungserziehung als* umfassende *Aufgabe der Grundschule* (3. neu bearbeitete Aufl.). St. Augustin: Academia.
Müller, Chr., Obier, M., Liebscher, A. (2006). *Bewegtes Lernen Klasse 3 und 4* (3. Auflage). St. Augstin: Acadamia.
Pernek, L. (2016). Ergänzungen zum bewegten Lernen in Englisch. Hausarbeit. Leipzig: Sportwissenschaftliche Fakultät.
Reuther, F. (2016). *Bewegtes Lernen in Englisch*. Hausarbeit. Leipzig: Sportwissenschaftliche Fakultät.
Rosen, M. & Oxenbury, H. (1995). *We're going on a bear hunt*. Massachussets: Candlewick.
Seele, K. (2012). *Beim Denken gehen, beim Gehen denken. Die Peripatetische Unterrichtsmethode.* Band 14 von Philosophie und Bildung. Berlin, Münster u. a.: LIT.

Weitere Literatur zum Projekt „Bewegte Schule" (in Sachsen)

Müller, Chr. (2010). *Bewegte Grundschule. Aspekte einer Didaktik der Bewegungserziehung als umfassende Aufgabe der Grundschule* (3. neu bearbeitete Aufl.). St. Augustin: Academia.
In diesem Buch werden grundsätzliche Positionen, eine Vielzahl von Beispielen sowie Hinweise zur methodisch-organisatorischen Gestaltung über das bewegte Lernen hinaus für weitere Bereiche einer bewegten Schule gegeben, wie Auflockerungsminuten, Entspannungsphasen, individuelle Bewegungszeiten, bewegungsorientierte Projekte, bewegte Pausen und einem insgesamt bewegten Schulleben (Spielveranstaltungen, Spiel- und Sportfeste, Wandertage und Klassenfahrten) sowie zur Zusammenarbeit mit den Eltern.

Müller, Chr. (Hrsg.). (2006). *Bewegtes Lernen in den Klassen I bis IV. Didaktisch-methodisches Anregungen für die Fächer Mathematik, Deutsch und Sachunterricht* (3. erweiterte und überarbeitete Aufl.). St. Augustin: Academia. Ergänzung durch: Müller, Chr. et al. (2003, 2009). *Bewegtes Lernen in den Fächern: Ethik, Englisch Anfangsunterricht, Kunst, Musik*. St. Augustin: Academia.

Müller, Chr. & Petzold, R. (2002). *Längsschnittstudie bewegte Grundschule. Ergebnisse einer vierjährigen Erprobung eines pädagogischen Konzeptes zur bewegten Grundschule.* St. Augustin: Academia.
Dieses Buch ist eine Weiterführung der „Bewegten Grundschule" und beinhaltet die Ergebnisdarstellung der Längsschnittstudie.

Müller, Chr. (2000). *Schulsport in den Klassen 1 bis 4. Aspekte einer Schulsportdidaktik für die Grundschule.* St. Augustin: Academia.

Müller, Chr. & Dinter, A. (2013). *Bewegte Schule für ALLE*. Meißen: Unfallkasse Sachsen.
Modifizierungen eines Konzeptes der bewegten Schulen für die Förderschwerpunkte Lernen, geistige Entwicklung, körperliche und motorische Entwicklung, emotionale und soziale Entwicklung sowie Sprache.

Müller, Chr. & Petzold, R. (2015). *Bewegte Schule* (2. neu bearbeitete Auflage). St. Augustin: Academia.

Müller, Chr. et al. (2004, 2005, 2013, 2014, 2015). *Bewegtes Lernen in den Klassen 5 bis 10/12. Fächer: Fremdsprachen, Biologie, Geschichte, Sozialkunde/Gemeinschaftskunde/Politik, Evangelische Religion, Mathematik, Deutsch, Kunst, Musik, Physik, Geografie, Ethik, Chemie*. St. Augustin: Academia.

http://www.bewegte-schule-und-kita.de
http://www.academia-verlag.de/titel/serie/serie_Bewegtes_Lernen.htm

1 Hörverstehen und Sprechen

Thema: **Me, my family and my friends**

1.1 Frage-Antwort-Spiel

Ort: Unterrichtsraum, Sporthalle
Material: Frage- und Antwortkarten, auf verschiedenfarbiges Papier kopieren

Beschreibung: Alle Kinder bilden einen Kreis. In der Mitte liegen Antwortkarten und jedes Kind hält eine Karte mit verschiedenen Fragen (Beispiele s. Rückseite) in der Hand. Ein Kind nimmt eine Karte aus der Mitte auf, umkreist die Gruppe (verschiedene Bewegungsformen möglich), bleibt vor einem Mitschüler stehen und liest seine Antwort vor. Der Mitspieler sucht auf seiner Karte die passende Frage aus. Die anderen Kinder werten durch Beifall oder Fußstampfen.

Variante: Nachsprechen im Chor

Frage	**Antwort**
What's your name?	My name is ...
How old are you?	I'm ... years old.
Have you got a brother or a sister?	Yes, I have got ... sister(s)/brother(s). No, I haven't got ... sister(s)/brother(s).
Where do you come from?	I'm from ...
What's your hobby?	My hobby is ... (... playing football, swimming, riding, reading, sailing, biking ...)
What's your favourite colour?	My favourite colour is ... (red, blue, white, black, pink, yellow, green, violet, ...)

1 Hörverstehen und Sprechen

Thema: **Me, my family and my friends; My body and my clothes**

1.2 Step forward if ...

Ort: Unterrichtsraum
Material: markierter Zielbereich, z. B. Quadrat

Beschreibung: Die Schüler stellen sich mit dem Rücken zur Wand in einer Linie auf (bei hoher Klassenstärke können die Kinder auch von mehreren Seiten starten). Der Lehrer sagt nun: "Step forward if you have got blue eyes." Alle Kinder, für die dieser Satz zutrifft, können einen Schritt nach vorn gehen. Es ist auch möglich, die Schüler eine kurze Antwort formulieren zu lassen (z. B. "I've got blue eyes."). Aufgabe ist es, so schnell wie möglich den Zielbereich zu erreichen. (Beispiele s. Rückseite)

Varianten:

- Fragen zu anderen Themen formulieren, z. B. Zeit und Jahr ("Step forward if your birthday is in March.")
- Abstand zum Zielbereich nach Leistungsstand differenzieren
- einzelne Schüler direkt ansprechen ("Are your eyes really blue?" bzw. indirekt ("Are Philip's eyes really blue?").
- Schüler Fragen stellen lassen

Beispielfragen zum Lernbereich:

My body and my clothes

"Have you got glasses?"
"Are you wearing blue jeans?"
"Is your favourite colour red?"
"Have you got a green sweater?"
"Are you wearing purple shoes?"
"Is this your favourite t-shirt?"
"Have you got a green hat?"
"Are you wearing pink socks?"

1 Hörverstehen und Sprechen

Thema: **Me, my family and my friends; Around the year**

1.3 Familien

Ort: Unterrichtsraum

Material: Karteikarten mit Namen von Familienmitgliedern und Alter (s. Rückseite)

Beschreibung: Der Lehrer verteilt an alle Schüler Karteikarten, auf denen verschiedene Namen sowie das Alter der genannten Personen stehen (z. B. *Linda Smith, 6 years old*). Alle Kinder gehen nun durch den Raum und fragen sich gegenseitig: "What's your first name?","What's your last name?","How old are you?".
Mit der Zeit finden sich die verschiedenen Familien zusammen. Erst stellen sich nun die Familienmitglieder in der Gruppe einander vor, nennen Vornamen sowie Alter und schlussfolgern dann, wer Vater, Mutter, Tochter und Sohn ist. Abschließend stellen sich die Familien gegenseitig vor.

Varianten:

- Fragen zu anderen Themen, z. B. Essen (Mahlzeiten, Besteck), Sportarten, Kleidung oder Jahreszeiten
- zur Unterstützung Bewegungen ausführen lassen, die das Verstehen der Begriffe erleichtern

Family members

Family: Smith	**Family: Miller**
Linda Smith, 6 years old	Mary Miller, 8 years old
Jimmy Smith, 12 years old	Alex Miller, 4 years old
Cassandra Smith, 32 years old	Alfred Miller, 28 years old
Jack Smith, 40 years old	Olivia Miller, 28 years old
Friedrich Smith, 74 years old	Fred Miller, 60 years old
Magda Smith, 66 years old	Megan Miller, 59 years old

(Kupke & Pernek, 2016)

1 Hörverstehen und Sprechen

Thema: **Me, my family and my friends**

1.4 Bälle zuspielen

Ort: Unterrichtsraum
Material: Softbälle

Beschreibung: Die Kinder stehen im Kreis. Der Spielleiter stellt eine Frage und wirft seinen Ball einem Schüler zu. Dieser beantwortet die Frage und wirft den Ball weiter. Der nächste Schüler stellt wieder eine Frage und gibt den Ball an einen anderen Schüler ab.

Varianten:

- in Kleingruppen arbeiten
- Thema benennen und Sprachketten bilden (Die Kinder wiederholen die Äußerungen ihrer Vorredner immer und ergänzen anschließend ein von ihnen selbst gewähltes Wort.)
- zu nennende Begriffe vorgeben und mittels Rhythmisierung festigen (methodische Vorschläge s. Rückseite)

Rhythmisieren:

- vier Begriffe vorgeben und immer wieder im Rhythmus des Ballwurfs nennen lassen
- Anzahl der Begriffe langsam steigern
- leistungshomogene Gruppen bilden und die Schüler selbst entscheiden lassen, wie viele verschiedene Begriffe sie rhythmisch sprechen wollen
- Wer den Ball geworfen hat, führt eine Bewegung am Platz aus (z. B. eine halbe Kniebeuge oder Drehung).
- Vierergruppen mit je einem Ball führen die Übung gleichzeitig durch. Wenn das letzte Wort gesprochen wurde, wird der Ball zur nächsten Gruppe jeweils weiter geworfen. (Anspielpartner in den Gruppen müssen vorher festgelegt werden.)

1 Hörverstehen und Sprechen

Thema: **My body and my clothes**

1.5 Bewegungslieder

Ort: Unterrichtsraum
Material: evtl. CD
Beschreibung: Beim Singen der Lieder werden zum Text passende Bewegungen ausgeführt.

Head and shoulders, knees and toes Worte und Melodie: überliefert

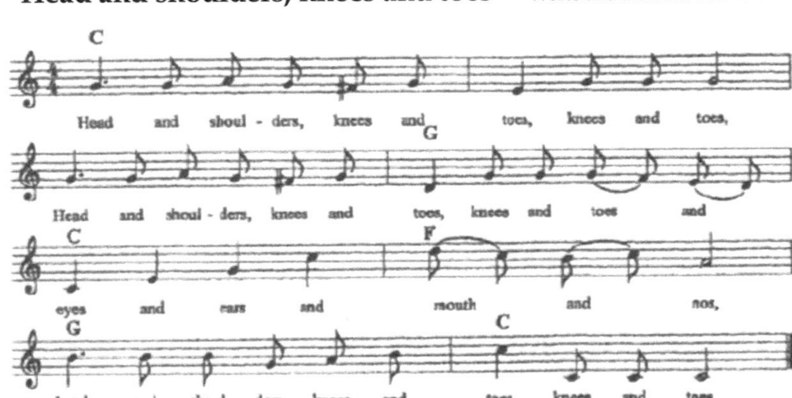

Varianten:

- Beim Singen werden die jeweiligen Körperteile gezeigt.
- Der Reihe nach wird ein Körperteil nur gezeigt, und das Wort durch einen Laut (z. B. "m") ersetzt.
- weitere Beispiele s. Rückseite

If you're happy Aus den USA

Weitere Bewegungslieder:

Old Mac Donald had a farm
Here we go round the mulberry bush
The Hockey Cockey
The weels on the bus

1 Hörverstehen

Thema: **My body and my clothes**

1.6 Draw step by step

Ort: Unterrichtsraum
Material: Tafel, Kreide

Beschreibung: Die Schüler bilden Mannschaften und stellen sich in Reihen auf. Der Lehrer nennt ein Körperteil (leg, mouth) – der erste Schüler in der Reihe läuft zur Tafel und zeichnet das entsprechende Körperteil an. Das Spiel ist beendet, wenn das komplette Abbild einer Person entstanden ist.

Varianten:

- Punktewertung
- Verwendung von Adjektiven und Farbvorgaben, um Schwierigkeitsgrad zu erhöhen (Beispiele s. Rückseite)
- Bewegungsarten der Schüler zur Tafel und zurück variieren

Beispiele

- a bold head
- big eyes
- the left hand is very small
- a big tummy
- a strong arm
- long hair

1 Hörverstehen und Sprechen

Thema: **My body and my clothes**

1.7 Simon says

Ort: Unterrichtsraum
Material: -

Beschreibung: Die Kinder stehen an ihrem Platz. Der Spielleiter sagt: Simon says:"Touch your nose!" Alle Kinder führen nun die Tätigkeit aus - in diesem Falle ihre Nase berühren und sprechen die Tätigkeit nach. Der Spielleiter stellt immer weitere Aufgaben zügig hintereinander. Die Kinder führen sie schnell aus. Interessant wird es dann, wenn das Wort "don't" eingebaut wird (Simon says: "Don't stand up!'), denn dann ist die Durchführung natürlich nicht gestattet.

1 Hörverstehen und Sprechen

Thema: **Food and drink**

1.8 Am Imbissstand

Ort: Unterrichtsraum
Material: -

Beschreibung: Dreiergruppen stellen Alltagssituationen an einem Imbissstand dar. Zwei Schüler erkundigen sich beim "Verkäufer" nach dem Angebot (z. B. "Have you got apples?"), nach den Preisen (z. B. "How much is an apple?"), geben ihre Bestellung auf und bezahlen. (Beispiel s. Rückseite)

Variante: Fahrkartenschalter: "How much is a ticket to London?"

Beispiel:

A: Hello! Can I help you?
B: Yes! Do you have bananas?
A: Yes, I have. How many do you need?
C: Five, please. How much do they cost?
A: They are 3 pounds. What else do you need?
B: I would like to have strawberries.
C: How much are those?
A: 1.50 pound. Is that all?
B: Yes, thanks.
A: Okay, so it is 4.50 pound.
C: That is for you. Goodbye, have a nice week.
A: Thanks, goodbye.

(Kupke & Pernek, 2016)

1 Hörverstehen und Sprechen

Thema: **Food and drink; At school**

1.9 Finde den Gegenstand!

Ort: Unterrichtsraum

Material: Beutel, Plastikbesteck, Federmappeninventar u. a.

Beschreibung: Die Schüler gehen gruppenweise zusammen. Jede Gruppe erhält einen Beutel mit Plastikbesteck oder Federmappeninventar. Der Lehrer sagt: "Give me a spoon!" Ein Gruppenmitglied holt den Gegenstand heraus. Später übernimmt jeweils ein Gruppenmitglied die Rolle des Lehrers.

1 Hörverstehen und Sprechen

Thema: **At school**

1.10 Die böse 7

Ort: Unterrichtsraum
Material: -

Beschreibung: In Kreisaufstellung wird in der Fremdsprache fortlaufend gezählt. Zahlen mit einer 7 als Ziffer (17, 27, ...) bzw. durch 7 teilbare Zahlen (7, 14, 21, ...) dürfen nicht ausgesprochen werden. Stattdessen führen alle eine zuvor vereinbarte Bewegungsaufgabe aus.

Varianten:
- andere Ziffer auswählen
- Bewegungsaufgabe verändern

1 Hörverstehen und Sprechen

Thema: **At school**

1.11 Numbers

Ort: Schulhof, Sporthalle
Material: Ziffernkarten

Beschreibung: Der Spielleiter steht vor der Klasse. Er zeigt eine Ziffernkarte und nennt eine Bewegungsform. Die Schüler führen die Bewegung in entsprechender Anzahl aus und zählen hörbar mit.

Variante: Bewegungsmöglichkeiten: Clap your hands, jump left/right, like a Jumping-Jack, turn around ...

1 Hörverstehen und Sprechen

Thema: **At school**

1.12 Zahlen bilden

Ort: Unterrichtsraum

Material: Ziffernkarten (0 bis 9) zum Umhängen (je eine Ziffer verdeckt Brust bzw. Rücken)

Beschreibung: In Fünfergruppen hängt sich jeder Schüler Ziffernkarten um. Der Spielleiter nennt eine Zahl, die so schnell wie möglich durch Drehen des Körpers und Aufstellen in Linie dargestellt werden soll. Beim Nennen der Zahl ist zu beachten, dass keine Ziffern doppelt vorkommen dürfen und nur eine Ziffer des jeweiligen Ziffernkartenpaares gezeigt werden kann (s. Rückseite). Die Ziffern (nach Kenntnisstand evtl. auch die Zahl) werden angesagt.

Variante: Da zu Beginn des Fremdsprachenlernens noch kaum mehrstellige Zahlen genannt werden können, aber möglichst viele Kinder sich bewegen und aktiv beteiligen sollen, ist es empfehlenswert, eine Zahlenfolge anzusagen. Diese kann aus fünf Einzelziffern oder aus einer einstelligen und zwei zweistelligen Zahlen bestehen.

Zahlenbeispiele

	1. Schüler	2. Schüler	3. Schüler	4. Schüler	5. Schüler
Brustseite	0	1	2	3	4
Rückenseite	5	6	7	8	9

Zahlenbeispiele für Spielleiter:	51, 73, 9
	20, 64, 8
	58, 14, 7
	90, 67, 3
	62, 84, 0
	18, 70, 4
	34, 65, 2
für leistungsstarke Schüler dreistellig	512, 89
	102, 39
	657, 84
	623, 40
	781, 45
	798, 51
	390, 121

Thema: **At school; Let's go shopping**

1.13 Bewegtes Rechnen

Ort: Unterrichtsraum
Material: -

Beschreibung: Der Lehrer stellt Additions- und Subtraktionsaufgaben im Zahlenbereich bis 20 in Englisch (Beispiele s. Rückseite). Die Schüler geben die Lösungen akustisch oder motorisch nach einem vereinbarten Signal wieder (klatschen, stampfen, pfeifen, schnipsen, springen ...).

Variante: Es werden vier Lösungszahlen festgelegt (z. B. 9 - 8 - 7 - 6). Jeder Lösungszahl wird eine Bewegung zugeordnet (z. B. 9 = springen, 8 = in die Hocke gehen, 7 = strecken, 6 = stampfen). Der Spielleiter stellt nur Aufgaben, die als Lösung eine der vorgegebenen Zahlen haben. Die Schüler rechnen die Aufgabe aus und nach einem bestimmten Signal zeigen sie die Lösung nur durch die passende Bewegung an.

Beispiele

seventeen – thirteen = four

twelve + four = sixteen

four + four – eight = zero

nineteen – eight = eleven

sixteen + four = twenty

ten - two – three = five

one + ten – three = eight

eighteen – five = thirteen

(Pernek, 2016)

1 Hörverstehen und Sprechen

Thema: **At school**

1.14 Schätzwert – Messwert

Ort: Unterrichtsraum
Material: Lineal, evtl. Bandmaß

Beschreibung: Die Schüler gehen paarweise zusammen und suchen sich Gegenstände im Raum. Einer schätzt. "I think, this book is 30 cm long." Der Partner misst und antwortet z. B.: "No, it isn't. It's 32 cm long".

Variante: Mit dem Bandmaß (vom Sportlehrer oder ein Papierbandmaß aus einem Möbelhaus) werden im Schulhaus etwas größere Gegenstände ausgemessen, schriftlich festgehalten und dann der Klasse mitgeteilt.

1 Hörverstehen und Sprechen

Thema: **Let's go shopping**

1.15 We're going shopping

Ort: Unterrichtsraum
Material: Materialien zur Ausgestaltung der Verkaufsstände, Wortbildkarten

Beschreibung: In Kleingruppen wird der Besuch eines Einkaufszentrums gespielt. Im Klassenzimmer werden verschiedene Verkaufsstände aufgebaut. Unterschiedliche Dinge werden verlangt, probiert, der Preis erfragt und bezahlt.

Varianten:

- in der Gaststätte (s. Rückseite)
- auf dem Campingplatz
- zur Differenzierung Lückentexte als Hilfe vorgeben

In der Gaststätte / At the Restaurant (Kupke & Pernek, 2016)

A:	What can I do for you?
B:	We have booked a table in your restaurant.
A:	Okay. Please follow me. Would you like the menu?
B:	Yes. Thank you.
A:	Can I take your order sir/madam?
B:	Yes.
A:	What would you like to drink?
B:	Which _____ would you recommend?
A:	I recommend ________.
B:	Okay. I take that one.
A:	What would you like to eat?
B:	For starters I'll have _______ and for the main course I'd like _______.
A:	Okay. Could I have _______ instead of ________ with it, please?
B:	Of course!
A:	Thank you.
B:	Is everything all right?
A:	Yes. Could I have the bill, please?
B:	Yes, it's £ 36.50, please.
A:	40 Pounds, thank you.
B:	Goodbye. See you soon.

1 Hörverstehen und Sprechen

Thema: **Animals**

1.16 Where do the ... live?

Ort: Unterrichtsraum
Material: -

Beschreibung: Zuerst einigt sich die Klasse, wie bestimmte Lebensräume durch Bewegungen dargestellt werden können, z. B. :

Wasser	-	Wellenbewegung der Arme
Luft	-	Hochhalte der Arme
Farm	-	Hockstand

Dann stellt der Lehrer entsprechende Fragen. "Where do the birds live?" Die Schüler antworten zuerst mit der Bewegung, anschließend im Satz: "The birds live in the air."

Weitere Beispiele

"Where does the fish swim?" – "The fish swims in the water."

"Where do the cows sleep?" – "The cows sleep at the farm."

"Where do the horses live?" – "The horses live at the farm."

"Where do the sheep live?" – "The sheep live at the farm."

"Where do the whales live?" – "The whales live in the water."

"Where do mosquitos fly?" – "The mosquitos fly in the air."

1 Hörverstehen und Sprechen

Thema: **Animals**

1.17 The Millers go to the zoo

Ort: Unterrichtsraum
Material: Ziffernkarten

Beschreibung: Jeder Schüler erhält eine Ziffernkarte. Der Lehrer erzählt satzweise eine Geschichte, in der Zahlwörter vorkommen (Anzahl der Tiere in den Gehegen, ihr Futter, die Besucher, ...). Wird eine Zahl genannt, führen die jeweiligen Schüler eine vereinbarte Bewegungsaufgabe in der entsprechenden Anzahl aus.

Varianten:

- Bewegungsaufgabe ändern: Drehungen, auf einem Bein hüpfen, sich selbst auf die entgegengesetzte Schulter klopfen, ...
- alle Schüler zählen laut mit
- Sätze übersetzen
- Themen Familie und Freunde, Essen und Trinken

1 Hörverstehen und Sprechen

Thema: **Let'sgo on a trip**

1.18 Go on a journey

Ort: Unterrichtsraum
Material: -

Beschreibung: Der Lehrer sagt: "I go on a journey and take *sunglasses* with me." Dabei stellt der Lehrer *sunglasses* pantomimisch dar. Ein Schüler kommt nach vorn, wiederholt den Satz bis *sunglasses* und ergänzt das, was er mitnehmen will (z. B. *my cat* with me, wobei er *cat* pantomimisch darstellt). Das Spiel wird so lange fortgesetzt, bis ein Schüler nicht mehr weiter weiß oder einen Begriff ausgelassen hat. Dann beginnt das Spiel von neuem. Am Ende könnten alle Schüler vorn stehen.

Variante: Gruppenarbeit

1 Hörverstehen und Sprechen

Thema: **Let's go on a trip**

1.19 We're going on a bear hunt

Ort: Unterrichtsraum
Material: -

Beschreibung: Der Lehrer trägt diese Bewegungsgeschichte vor und demonstriert pantomimisch die darin enthaltenen Aktionen. Nach und nach bewegen sich die Kinder mit und sprechen den vom Lehrer vorgetragenen Text synchron.

We're going on a bear hunt.
We're going to catch a big one.
What a beautiful day!
We're not scared. (wird wiederholt)

Uh-uh! Grass! Long wavy grass.
We can't go over it. We can't go under it.
Oh no! We've got to go through it!

Swishy swashy! Swishy swashy!
Swishy swashy!

We're going ...!

Uh-uh! A river! A deep cold river.
We can't go over it. We can't go under it.
Oh no! We've got to go through it!

Splash splosh! Splash splosh!
Splash splosh!

We're going ....

Uh-uh! Mud! Thick oozy mud.
We can't go over it. We can't go under it.
Oh no! We've got to go through it!

Squelch squerch!
Squelch squerch!
Squelch squerch!

We're going ...

Uh-uh! A forest! A big dark forest.
We can't go over it. We can't go under it.

Oh no! We've got to go through it!

Stumble trip! Stumble trip!
Stumble trip!

We're going ....

Uh-uh! A snowstorm! A swirling whirling snowstorm.
We can't go over it We can't go under it.

Oh no! We've got to go through it!

Hoooowoooo! Hoooowoooo!
Hoooowoooo!

We're going ...

Uh-uh! A cave! A narrow gloomy cave.
We can't go over it. We can't go under it.

Oh no! We've got to go through it!

Tiptoe! Tiptoe!
Tiptoe!

WHAT'S THAT?
One shiny wet nose!
Two big furry ears! Two big goggly eyes!

IT'S A BEAR!!!!
Quick! Back through the cave!
Tiptoe! Tiptoe! Tiptoe!
Back through the snowstorm!
Hoooowoooo! Hoooowoooo!
Back through the forest!
Stumble trip! Stumble trip! Stumble trip!
Back through the mud!
Squelch squerch! Squelch squerch!
Back through the river!
Splash splosh! Splash splosh! Splash splosh!
Back through the grass!
Swishy swashy! Swishy swashy!
Get to our front door.
Open the door.
Up the stairs.

Oh no! We forgot to shut the door.
Back downstairs.
Shut the door.
Back upstairs.Into the bedroom.
Into bed.
Under the covers.

We're not going on a bear hunt again.

(Rosen & Oxbury, 1995)

1 Hörverstehen und Sprechen

Thema: **Let's go on a trip**

1.20 Der Kutscher und das Königspaar

Ort: Unterrichtsraum
Material: -

Beschreibung: In Anlehnung an das bekannte Spiel werden acht bis zehn Stühle so positioniert, dass sie eine Kutsche mit Pferden darstellen. Die Stühle werden von den Schülern besetzt, wobei jeder eine Figur (king, queen, driver, horses etc.) oder einen Gegenstand (coach) darstellt. Der Lehrer liest anschließend eine Geschichte (s. Rückseite) vor, in der diese Personen oft namentlich genannt werden. Sobald die Namen fallen, muss der entsprechende Schüler einmal um die Kutsche herumlaufen und sich wieder setzen.

Variante: Die Kutsche nach den Vorstellungen der Schüler verändern oder andere Fahrzeuge verwenden wie Schiff oder Auto.

Mitspieler: ein König (King), eine Königin (Queen), ein Kutscher (driver), eine Kutsche (coach) und zwei bis sechs Pferde (horses). (Einige Wörter und der grobe Inhalt der Geschichte sollte vorentlastet werden.)

Story:
King and **Queen** want to go on a trip.
The **king** says to the **driver**:
Driver, get the **coach** and the **horses**! We want to go on a trip!
So the **driver** gets the **coach** and the **horses**.
The **King** and the **Queen** sit down in the **coach**.
Then the **King** says to the **driver**: **Driver**, start the **horses**!
So the right **horses** and the left **horses** begin to move.
The road is not very good. So the **Queen** says to the **King**: Let the **driver** slow down.
So the **King** says to the **driver**: **Driver**, let the horses slow down!
Then the **driver** says: Hoooo! **Horses,** slow down!
But only the left **horses** hear the **driver**. The **coach** almost falls.
But the **driver** is a very good **driver** and the **coach** stops.
Then the **King** says to the **driver**: **Driver**, that was very good! Let's go home.
So they all go home – the **King**, the **Queen**, the **driver**, the **coach** and the **horses**.

1 Hörverstehen und Sprechen

Thema: **Around the year**

1.21 Die zwölf Monate

Ort: Unterrichtsraum
Material: Softball, Knüllpapierball o. Ä.

Beschreibung: Kleingruppen spielen sich einen Ball zu. Das Kind mit Ballbesitz nennt den jeweils nächsten Monat.

Varianten:

- Jahreszeiten
- Feiertage
- Wochentage
- Reihenfolge rückwärts
- Oberbegriff (Jahreszeiten), Unterbegriff (Monate) u. a.

1 Hörverstehen und Sprechen

Thema: **Around the year**

1.22 Gedichte darstellen

Ort: Unterrichtsraum
Material: -

Beschreibung: Der Lehrer macht die Kinder mit dem Gedicht, z. B. "Whitey, the Snowman", bekannt (s. Rückseite). Die Schüler sprechen den Text mit und führen zeitgleich die passenden Bewegungen aus (Schneeball formen, ihn auf den Boden legen, ihn rollen bis er groß und rund ist ...).

Varianten:

- Gruppenarbeit (Eine Gruppe spricht das Gedicht, die anderen führen zeitgleich die passenden Bewegungen aus.)
- Gruppenarbeit (Eine Gruppe stellt pantomimisch einen Gedichtausschnitt dar, die anderen erraten den Reim und sprechen diesen.)

Whitey, the Snowman

I make a little snowball
and put it on the ground.
I roll and roll and roll it
until it´s big and round.

Two little stones will be his eyes,
and six – will make him smile.
A big red carrot is his nose.
Dear Whitey – stay a while.

(Gompf, 1995, S. 85)

1 Hörverstehen und Sprechen

Thema: **übergreifend**

1.23 Bildkarten verstecken

Ort: Unterrichtsraum
Material: Bildkarten (s. Rückseite)

Beschreibung: Ein Schüler verlässt den Raum. Ein anderer Schüler versteckt eine Bildkarte so im Zimmer, dass noch eine kleine Ecke vom Bild sichtbar ist. Nun kommt der erste Schüler herein und sucht die Bildkarte. Er wird von den Mitschülern unterstützt, indem diese den dargestellten Begriff in verschiedener Lautstärke immer wieder sprechen. Je näher der Schüler der Bildkarte kommt, umso lauter wird das Wort gesprochen und um so tiefer gehen die Kinder in die Hocke.

Varianten:

- andere Bewegungsformen auswählen
- Die Schüler stellen als Hilfe den gesuchten Gegenstand pantomimisch dar.

1 Hörverstehen und Sprechen

Thema: **übergreifend**

1.24 Wo bin ich?

Ort: Unterrichtsraum, Schulhof
Material: Bildkarten (großformatig), Augenbinden, verschiedene Gegenstände

Beschreibung: Nachdem die Schüler sich paarweise gefunden haben, versuchen sie sich die Standorte der Karten einzuprägen. Im Anschluss daran werden jeweils einem Schüler des Paares die Augen verbunden. Das andere Kind führt nun den Schüler im Raum herum und bleibt mit ihm an einer Bildkarte stehen. Der "blinde" Schüler muss versuchen, zu erraten, an welcher Karte er sich befindet und den Begriff im ganzen Satz benennen (z. B. "I think this is the picture with the dog in it.").

Varianten:

- Die Schüler führen sich mit Worten herum. Der Wortschatz für Richtungsbeschreibungen (turn left, turn right, go straight ahead) wird geübt. Bei dieser Variante muss der "blinde" Schüler die Regel befolgen, immer nur einen Schritt auszuführen. Es wäre auch möglich, dass der Lehrer den Paaren verschiedene Wege vorgibt, so dass das Üben der Wegbeschreibung im Vordergrund steht
- weitere Varianten s. Rückseite

Varianten:

- Anstelle der Karten können auch verschiedene Gegenstände im Zimmer verteilt werden. Die Kinder wiederholen gemeinsam die englischen Bezeichnungen und prägen sich Besonderheiten der Dinge ein. Ein Partner schließt die Augen. Der andere Schüler führt das Kind an der Hand und/oder per Wort (turn left, turn right, go straight on). Hat der "blinde" Schüler einen Gegenstand erreicht, darf er raten, wo er sich befindet. Kann er es nicht sagen, darf er den Gegenstand ertasten. Mit kurzen Sätzen versucht er nun den Gegenstand in Englisch zu benennen. Der Partner überprüft die Äußerungen. Partnerwechsel.
- Auch Schüler können statt der Gegenstände im Raum verteilt werden, die durch Abtasten erkannt werden sollen.

1 Hörverstehen und Sprechen

Thema: **übergreifend**

1.25 Make a jump!

Ort: Unterrichtsraum
Material: Trommel, Tamburin

Beschreibung: Die Kinder bewegen sich frei im Raum (lockeres Traben, Hopserlauf, Nachstellschritte etc.). Der Spielleiter gibt durch Schlag auf die Trommel das Zeichen zum Anhalten und nennt eine Bewegungsform:

- Make a jump (... two jumps, ...)!
- Sit down! Lift your right (left) foot (hand, leg)!
- Touch your nose (head, ear, eye, body, shoulder, foot, ...)!
- Lie down!
- Make jumps with your right (left) foot! etc.

Alle Kinder sprechen nach und führen die Bewegung aus. Im Anschluss wird der Spielleiter gewechselt.

Variante: mit Partner als "Schatten" oder "Spiegel"

1 Hörverstehen und Sprechen

Thema: **übergreifend**

1.26 Schlüsselwörter

Ort: Unterrichtsraum
Material: Wortkarten mit Schlüsselwörtern (auch mehrere gleichlautende)

Beschreibung: Jeder Schüler zieht eine Wortkarte. Der Lehrer erzählt eine Geschichte (Beispiel s. Rückseite). In dem Moment, wo die Schüler ihr Wort hören, springen sie kurz auf und setzen sich wieder. Die Geschichte muss so angepasst werden, dass die bestimmten Schlüsselwörter häufig enthalten sind.

Varianten:

- Die Schüler springen immer bei den Wörtern, die zu einem vorher der Gruppe zugeteilten Oberbegriff gehören, auf (z. B. Farben, Tiere, Zahlen, Namen).
- Zur Differenzierung können Schlüsselwörter nach Schwierigkeitsgrad verteilt werden.

Sally and Jimmy are going to London (Kupke, 2016)

On a cloudy and rainy day, the brown dog Sally goes to see Jimmy the black cat. Jimmy the black cat is sitting on his couch, reading the newspaper. In the newspaper there is a big picture of a new yellow bird. The new yellow bird lives in London. Jimmy the black cat and Sally the brown dog go to visit the yellow bird and Jimmy's grandma in London. Jimmy the black cat's grandma, lives in London, too. A day later they arrive at Jimmy's grandma. "Hello, grandma!" says Jimmy. "Hello Jimmy. Who is your friend?" asks grandma. "This is Sally the brown dog!" says Jimmy."Welcome to London, Sally!" says grandma"Thank you!" he answers. "Have you seen that new bird, grandma?" asks Jimmy."No, I have not, but some people think they have."One morning, Jimmy the black cat and Sally the dog go to the forest to find the new yellow bird. They wait and they wait but the yellow bird does not come up. Two hours later, there is a little yellow bird sitting in a tree, watching Jimmy the black cat and Sally the brown dog. "Hello! " says Jimmy the cat. "Hello!" answers the bird. The cat, the dog and the bird are talking until it is dark. Jimmy and Sally say goodbye to the bird and go back to Jimmy's grandma.

cat	black	Jimmy	Sally	dog	brown
newspaper	London	grandma	bird	yellow	

1 Hörverstehen und Sprechen

Thema: **übergreifend**

1.27 Wörter erraten

Ort: Unterrichtsraum
Material: Aufkleber, die mit verschiedenen Wörtern zu bestimmten Themen beschriftet sind

Beschreibung: Der Lehrer befestigt bei jedem Schüler einen beschrifteten Aufkleber (Beispiele s. Rückseite) auf der Stirn. Die Schüler gehen nun in der Klasse herum. Wenn sie einen Mitschüler treffen, fragen sie ihn nach Informationen zu ihrem Wort (z. B.: "Am I a boy?"). Der andere Schüler antwortet nur mit "yes" oder "no". Nach einer vorgegebenen Zeit fragt der Lehrer die Schüler nach ihren Bezeichnungen. Die Schüler versuchen nun zu erraten, welches Wort auf ihrer Stirn steht.

Variante: Zu Beginn sollte ein Oberbegriff (z. B. animals) vorgegeben werden. Um so umfangreicher allerdings die Wortschatzkenntnisse der Schüler werden, ist es möglich, die Oberbegriffe breit zu streuen. Die Kinder müssen dann strategisch handeln und fragen.

animals	**family**	**seasons**	**vegetable**	**classroom**
dog	mother	spring	tomato	chair
cat	father	summer	potato	pencil case
sheep	daughter	autumn	onion	table
horse	sister	winter	garlic	board
bird	brother		cauliflower	pen
fish	grandma		broccoli	paper
guinipig	grandpa		carrot	rubber
butterfly	uncle		pea	
elephant	aunt		bean	

(Kupke & Pernek, 2016)

1 Hörverstehen und Sprechen

Thema: **übergreifend**

1.29 Musikstopp

Ort: Unterrichtsraum
Material: Softbälle, Musik

Beschreibung: Die Kinder stehen im Kreis und spielen sich einen Softball zu. Bei Musikstopp muss der Schüler, der den Ball gerade besitzt, eine Frage beantworten oder eine andere Aufgabe lösen. Die Musik wird danach wieder gestartet und der Ball wandert weiter.

Varianten:
- mit Kleingruppen arbeiten (für alle Gruppen kann die Fragestellung gleich sein)
- mehrere Bälle zuspielen

1 Hörverstehen und Sprechen

Thema: **übergreifend**

1.29 Platzwechsel

Ort: Unterrichtsraum
Material: -

Beschreibung: Die Kinder sitzen im Kreis. Ein Stuhl fehlt, so dass ein Schüler in der Mitte des Kreises steht. Sein Ziel ist es, bei einem Sitzplatzwechsel einen Stuhl zu ergattern. Die Klasse vereinbart ein Schlüsselwort (z. B. yellow). Der Schüler in der Mitte oder der Lehrer nennt nun verschiedene englische Substantive. Wenn ein Wort genannt wird, das einen Gegenstand mit einer solchen Farbe bezeichnet (z. B. lemon), müssen alle Schüler den Platz wechseln (Nachbarplätze sind nicht gestattet). Der Schüler in der Mitte versucht, auch einen Sitzplatz einzunehmen. (Beispiele s. Rückseite)

Variante: Der Lehrer könnte auch eine Geschichte erzählen, in der ein bestimmtes Signalwort mehrmals enthalten ist. Diese Vorgehensweise erfordert ein konzentrierteres Zuhören und einen größeren Wortschatz.

Yellow	**Red**	**Blue**	**Countries**	**Round**
lemon	fire brigade	water	Spain	ball
banana	sunburn	sky	Italy	Pizza
tennis ball	tomato	jeans	Greece	Ice cream
corn	strawberry	pool	Croatia	orange
mustard	fire	ocean	Sweden	melon
sun	cherry	river	Germany	wheel
		blueberry	Austria	
			Australia	

(Kupke & Pernek, 2016)

Thema: **übergreifend**

1.30 Wörter bilden

Ort: Unterrichtsraum
Material: Buchstabenkarten (s. Rückseite) und Klebeband

Beschreibung: Alle Schüler erhalten je eine andere Buchstabenkarte, die auf dem Oberkörper mit Klebeband befestigt wird. Der Lehrer nennt ein Wort (z. B. *woman*). Die Schüler, deren Buchstaben im Wort enthalten sind, stellen sich vor der Klasse in der richtigen Reihenfolge auf. Sie sprechen die einzelnen Laute und dann das ganze Wort.

Varianten:

- Gruppenarbeit (Die Gruppe, die zuerst richtig buchstabiert hat, bekommt einen Punkt.)
- Nach jedem buchstabierten Wort werden die Buchstaben getauscht, damit jeder Schüler öfter nach vorn kommen kann, denn manche Buchstaben kommen selten in englischen Wörtern vor.

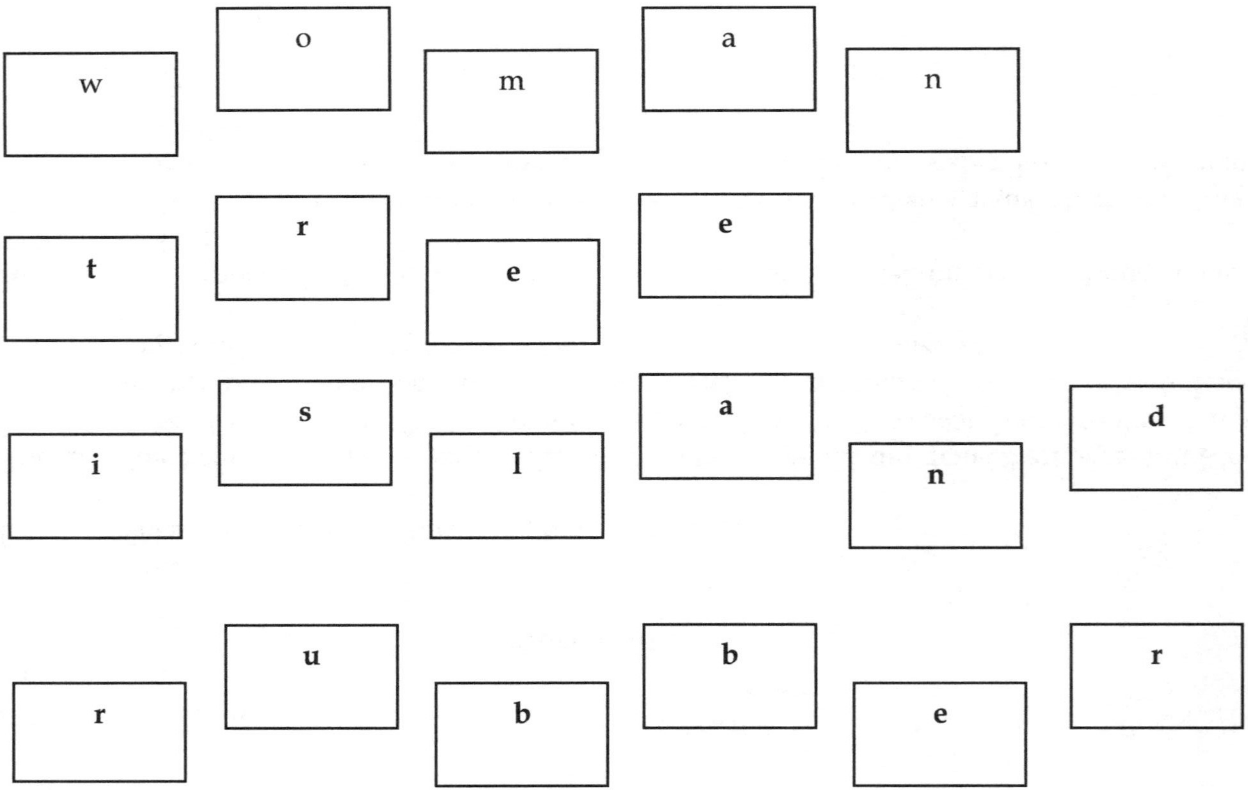
w
o
m
a
n
t
r
e
e
i
s
l
a
n
d
r
u
b
b
e
r

1 Hörverstehen und Sprechen

Thema: **übergreifend**

1.31 Right or wrong?

Ort: Unterrichtsraum
Material: -

Beschreibung: Texte werden vom Lehrer, später von Mitschülern vorgelesen. Dabei bewegen sich alle Schüler langsam durch den Raum. Tritt ein implizierter sachlicher oder grammatischer Fehler auf, hocken sich die Schüler hin. (Beispiel s. Rückseite)

Varianten:

- andere Bewegungen absprechen
- Poster bzw. Bilder betrachten, danach abdecken und Sätze mit richtigen und falschen Aussagen nennen

George

Every day at the same time a little boy comes to the old, brown bench near the forest. The boy's name is George. He is a poor little boy who hasn´t parents got (hasn't got parents) anymore.
One day George thinks "I will go to meet the Queen. She may help me to get happy."
At the same time a friendly old lady crosses the road. She feel (feels) sorry for the sad little boy. "Hello. I'm Elizabeth. Why you are so sad (are you so sad) little boy?", the lady asks. "I want to go away from here. Every day this dirty bench!" George answers. So the old lady decides to take him to London. There George sees a tower big (a big tower), parks, castles, small, round and tall people, but everyone seems to be happy. While the boy and the lady eat elephants (ice cream), a big car drives very fast along the street. George stops walking, but the lady doesn't notice the car. Like a hero George takes her hand and they jump away. Not a second too late - George and Elizabeth are safe. One day in a week, Elizabeth visits George and both are having a wonderful time with each other. The old lady is like a king (queen) for George.
(Pernek, 2016)

1 Hörverstehen und Sprechen

Thema: **übergreifend**

1.32 Yes and no

Ort: Unterrichtsraum
Material: -

Beschreibung: Ein Schüler steht vorn und bekommt von der Klasse Fragen gestellt. Der Schüler darf nicht mit "*yes*" und "*no*" antworten. Antwortet der Schüler mit einem dieser beiden Wörter, springt die Klasse auf. Der schnellste Schüler darf als nächster nach vorn kommen.

Varianten:

- Arbeit in Kleingruppen
- zusätzliche Wörter auswählen, die nicht gesagt werden dürfen
- zeitlich begrenzen (eine Minute) und damit die Spannung erhöhen

1 Hörverstehen und Sprechen

Thema: **übergreifend**

1.33 Kleine Spiele

Ort: Schulhof, Sporthalle, evtl. Unterrichtsraum
Material: entsprechend der Spiele

Beschreibung: **Change your places:** Alle Schüler sitzen im Kreis (Stühle, Fliesen). Ein Spielleiter steht im Kreis und ordnet jedem Mitspieler und sich selbst einen Begriff zu. Beispiel: "You are a cat" (dog, duck, elephant, bird, sheep, snake" - jeden Begriff mehrfach vergeben). Anschließend gehen alle Schüler im Raum herum und stellen sich gegenseitig mit ihrem englischen Begriff vor:"I'm a dog and what are you?" Danach beginnt das Spiel. Der Spielleiter ruft einen Begriff. Die entsprechenden Kinder wechseln die Plätze und rufen dabei ihren Namen. Der Spielleiter sucht sich ebenfalls einen Platz. Anschließend ist der übriggebliebene Schüler der neue Spielleiter.

Varianten:

- Arbeit mit Bildkarten
- mehrere Begriffe rufen
- Gruppenarbeit

Nummernwettlauf

Entsprechend des bekannten Spieles Nummernwettlauf stellen sich die Schüler in mehreren Reihen auf. Jedem Schüler der Gruppe wird eine Zahl zugeordnet. Der Spielleiter nennt Rechenaufgaben in Englisch. Schüler mit der entsprechenden Lösung laufen um die Gruppe, um einen Gegenstand u. a.

Hello man (woman, boy, girl), can we go to the other side?

(analog“Fischer, Fischer, wie tief ist das Wasser?”)

Material: Bildkarten, die verschiedenen Fortbewegungsarten darstellen
Ein Schüler steht auf einer Raumseite, die anderen gegenüber. Die Grupperuft: “Hello, can we go to the other side?“. Der Fänger antwortet: “Yes, but you have to ... (Bildkarte zeigen)! Die Schülergruppe bildet einen Satz: “We have to jump.“ und “rettet“ sich auf die andere Seite. Wer abgeschlagen wird, fängt mit. Sind alle Schüler gefangen, erfolgt ein Fängerwechsel.

Variante: Der Fänger nennt zur Bildkarte unterschiedliche Fortbewegungsarten. Nur wenn das Verb mit der Karte übereinstimmt, dürfen die Kinder starten. Fehlstart zählt als abgeschlagen.

2 Hör- und Sehverstehen

Thema: **Me, my family and my friends; At school; My hobbies**

2.1 Bildkarten sortieren

Ort: Unterrichtsraum
Material: Bildkarten (drei Klassensätze) zu Lösungsbereichen, Klebeband

Beschreibung: Der Lehrer klebt drei Lösungsbereiche mit Abstand im Klassenzimmer ab. Jeder Bereich erhält einen Oberbegriff (z. B. toys, school, hobbies). Die Klasse wird in drei Gruppen geteilt die jeweils einen farblich gesondert markierten Satz Bildkarten erhalten. Die Arbeit kann nun wie folgt fortgesetzt werden: Jede Gruppe versucht ihre Karten möglichst schnell in die passenden Lösungsbereiche einzuordnen.

Varianten:

- Der Lehrer nennt Begriffe, die auf den Karten dargestellt sind. Ein Vertreter der Gruppe ergreift die Karte, läuft mit ihr zum Lösungsbereich und legt sie ab. Es können Punkte vergeben werden.
- Der Lehrer zeigt auf einen Lösungsbereich und die Gruppe wählt eine passende Karte aus und legt sie schnell dort ab.

Toys
School
abc
Hobbies

2 Hör- und Sehverstehen

Thema: **My hobbies**

2.2 Welche Sportart?

Ort: Unterrichtsraum
Material: -

Beschreibung: In Kleingruppen stellt ein Schüler eine Sportart pantomimisch dar. Die anderen nennen den englischen Begriff. Wer es zuerst errät, darf die nächste Sportart vormachen.

Varianten:

- Die Klasse stellt eine Sportart dar, ein Schüler soll diese erraten.
- Schüler stellen situationen in Sportarten dar, die ihnen sehr gefallen oder missfallen (So können auch Emotionen verbunden mit der Sportart physisch dargestellt und verbalisiert werden.)

Possible sports:

- running
- swimming
- climbing
- ice skating
- surfing
- playing basketball
- playing football
- playing frisbee

2 Hör- und Sehverstehen

Thema: **Around the year**

2.3 Die richtige Folge

Ort: Unterrichtsraum
Material: Wortkarten

Beschreibung: Gruppen mit fünf bis sieben Schülern fertigen sich Wortkarten zu den *Wochentagen, Monatsnamen* und *Jahreszeiten* an. Dann benennt der Lehrer eines dieser Themen, z. B. *Wochentage*. Jeder Schüler nimmt sich nun einen Wochentag und die Gruppe stellt sich in der richtigen Reihenfolge auf. Nachdem sich alle eingeordnet haben, sprechen die Kinder die Wochentage in der richtigen Reihenfolge und kontrollieren sie dabei. Mit einem neuen Themenbereich beginnt die Übung von vorn.

Varianten:
- Wettbewerb möglich
- Einordnen von Feiertagen und Festen in den Jahresverlauf

2 Hör- und Sehverstehen

Thema: **Around the year**

2.4 Zahlen bilden

Ort: Unterrichtsraum
Material: Rommé-Karten (nur Karten von 2 bis 9) oder Ziffernkarten

Beschreibung: Jeder Schüler zieht eine Rommé-Karte. Daraufhin gehen alle durch den Raum und suchen sich einen Partner. Die Paare bilden eine zweistellige Zahl und sprechen beide Varianten aus, z. B. *ninety-four – forty-nine* (s. Rückseite). Dann suchen sie sich einen neuen Partner.

Varianten:

- Jahreszahlen bilden
- Rommé-Karten jedes Mal mit dem Partner tauschen
- gebildete Zahlen in Sätzen anwenden

= ninety-four

forty-nine =

2 Hör- und Sehverstehen

Thema: **übergreifend**

2.5 War das Bild dabei?

Ort: Unterrichtsraum
Material: Bildkarten (großformatig und Klassensatz), Schreibzeug, Papier

Beschreibung: Der Lehrer verteilt Bildkarten so im Klassenzimmer, dass die Bildfläche verdeckt ist. Die Schüler gehen durch den Raum, sehen sich die Bilder an (die Karten bleiben aber am Ort liegen) und merken sich so viele Begriffe wie möglich. Nach dem Ablauf einer vorgegebenen Zeit kann man wie folgt fortsetzen:
Der Lehrer nennt Begriffe (auf den Karten dargestellte sowie nicht dargestellte) und die Kinder werten die Äußerungen. Wenn das Wort dargestellt war, können die Kinder in die Hände klatschen. Lag das Wort nicht aus, stampfen die Schüler mit dem Fuß. Mit dem jeweiligen Begriff wird ein Satz gebildet.

Varianten:

- Der Lehrer nennt dargestellte Begriffe und lässt sich die Karten von einzelnen Schülern bringen. Die Schüler bilden einen Satz mit dem Begriff.
- weitere Beispiele s. Rückseite

Varianten:

- Die Schüler erhalten eine Liste mit Bildern und streichen die Bilder ab, die nicht ausgelegt waren. Zu den übrigen Bildern bilden sie Sätze oder erzählen eine kleine Geschichte.
- Der Lehrer geht zu einer verdeckten Karte und die Schüler schreiben den nach ihrer Meinung passenden Begriff auf.
- Ein Schüler geht langsam von Karte zu Karte und die anderen Schüler legen mit den für sie vorbereiteten Bildkarten die Reihenfolge nach. Die Kinder sprechen zu ihrer Bildfolge. Der Lehrer stellt Fragen der Art: "What is on the second (third, sixth, ...) place?"

2 Hör- und Sehverstehen

Thema: **übergreifend**

2.6 Hüpfspiel

Ort: Unterrichtsraum
Material: Klebeband

Beschreibung: Im Raum sind drei oder vier Lösungsfelder nebeneinander auf dem Boden markiert (Klebeband). Die Felder sollten nur geringen Abstand zueinander haben und so groß sein, dass alle Kinder darin Platz finden können. Die Felder erhalten einen Oberbegriff (z. B. animals, clothes, fruits and family). Der Lehrer nennt nun einen Unterbegriff (z. B. aunt) und zählt bis 4. In dieser Zeit hüpfen die Kinder von Feld zu Feld. Wenn der Lehrer sagt: "I like Dover – time is over!" – dürfen die Kinder ihren Platz nicht mehr wechseln. Sie müssen also genau planen und das passende Feld rechtzeitig anvisieren. Als Motivation können Punkte vergeben werden.

Variante: Mit dem Ober- und Unterbegriff können Sätze gebildet werden (z. B. "Aunt Mary lives in my family.")

Animals

dog
cat
bird
fish
horse
sheep
rabbit
(Pernek, 2016)

Clothes

head
T-Shirt
jeans
shorts
dress
skirt
blouse

Fruit

apple
strawberry
banana
kiwi
lemon
orange

Family

uncle
aunt
dad
mum
brother
sister
grandma

Thema: **übergreifend**

2.7 Darstellen von Gegenständen

Ort: Unterrichtsraum
Material: -

Beschreibung: Der Lehrer oder ein Schüler nennt einen Gegenstand (z. B. table). Die Schüler versuchen, diesen Gegenstand mit ihrem Körper darzustellen. Eine Zusammenarbeit mit anderen Mitschülern ist ausdrücklich erwünscht.

Variante: Die Kinder denken sich selbst Gegenstände aus, die sie bereits in Englisch benennen können. Sie stellen ihre Gegenstände der Klasse vor und lassen die anderen Kinder raten.

2 Hör- und Sehverstehen

Thema: **übergreifend**

2.8 Staffelwettbewerb

Ort: Unterrichtsraum, Schulhof, Sporthalle
Material: Bildkarten

Beschreibung: Die Kinder werden in mehrere Mannschaften eingeteilt. Die Mitglieder eines Teams stehen hintereinander. Der Lehrer zeigt den Schülern eine Bildkarte. Immer der erste Schüler jedes Teams muss nun versuchen, der Bildkarte einen passenden englischen Begriff zuzuordnen. Der Schüler, der es zuerst lösen konnte, darf sich an das Ende seiner Mannschaft stellen. Gewinner ist das Team, in dem alle Mannschaftsmitglieder ein Wort richtig erraten haben und wieder der erste Schüler vorn steht.

Variante: um eine Markierung laufen

2 Hör- und Sehverstehen (Schreiben)

Thema: **übergreifend**

2.9 Catch the word

Ort: Unterrichtsraum, Schulhof, Sporthalle
Material: Schwungtuch oder Decke, Realien, Bilder/Flashcards, Begriffe

Beschreibung: Die Klasse wird in mindestens zwei Gruppen eingeteilt. Unter ein Schwungtuch werden unterschiedliche Wörter, Realien oder Bilder (z. B. Flashcards) gelegt, die bestimmte englische Vokabeln repräsentieren. Aufgabe der Schüler ist es, sich beim Schwingen des Tuches so viele Objekte wie möglich einzuprägen. Sobald sich das Schwungtuch wieder gelegt hat, ist die Zeit abgelaufen. Der Vorgang kann je nach gewünschtem Schwierigkeitsgrad bzw. Anzahl der zu merkenden Wörter entweder mehrmals wiederholt werden oder durch nach oben gestreckte Arme verlängert werden.

In Teamarbeit können die englischen Wörter im Anschluss zur Überprüfungen notiert werden (beispielsweise auf ein Blatt notiert oder an die Tafel). Die Gruppe, die am meisten Wörter zusammentragen kann, hat gewonnen.

Anmerkung: Die Flashcards oder Zettel sollten am Boden fixiert werden, da durch die Kraft und Bewegung des Schwungtuches ein Aufwirbeln erzeugt werden könnte.

Variante: Es werden Realien oder Bilder der Vokabeln unter das Schwungtuch gelegt, die in vorherigen Stunden behandelt wurden. Ziel ist es, den darunterliegenden Objekten die richtigen englischen Begriffe zuzuordnen. (Reuther, 2016)

2 Hörverstehen und Lesen

Thema: **übergreifend**

3.1 Flaschen drehen

Ort: Unterrichtsraum
Material: leere Glasflasche, Bewegungsaufgaben auf Karten

Beschreibung: Die Schüler bilden einen Kreis. Ein Kind zieht eine Karte und liest die darauf stehende Bewegungsaufgabe vor. Der Schüler, auf den als nächstes die Flasche zeigt, hat die Bewegungsaufgabe auszuführen. Nun wird die Flasche gedreht, die Bewegung ausgeführt und die nächste Karte gezogen. (Beispiele s. Rückseite)

Variante: Gruppenarbeit

Jump to the door!	**Jump like a frog!**
Run around the circle!	**Walk like a monkey!**
Lay on the table!	**Stretch your arms and legs!**

3 Hörverstehen und Lesen

Thema: **übergreifend**

3.2 Vokabelpaare

Ort: Unterrichtsraum
Material: Karten mit Vokabeln (Beispiele s. Rückseite)

Beschreibung: Jeder Schüler erhält eine Karte mit einer Vokabel darauf. Nun sollen sich jeweils die Paare mit den passenden Vokabeln finden (z. B. *cat* – *dog*).

Varianten:

- Zahlen und Zahlwörter (1 – one)
- Uhrzeiten (analog – digital)
- Synonyme finden (small – little)
- Antonyme finden (new – old)
- Silbenkarten (Wörter bilden)

Synonyme		**Antonyme**		**Silbenkarten**		**Uhrzeiten**	
small	little	love	hate	pro	tect	12:15	a quarter past 12
tall	big	sweet	sour	pro	duce	02:00	twoo'clock
to speak	to talk	small	tall	climb	ing	20:30	half past eight
ground	floor	angry	happy	swimm	ing	6:45	a quarter to seven
hat	cap	bright	dark	ob	serve	17:00	5 o'clock

Zahlen und Zahlwörter

1	one	7	seven	12	twelve
14	fourteen	23	twenty-three	36	thirty-six

(Kupke & Pernek, 2016)

3 Hörverstehen und Lesen

Thema: **übergreifend**

3.3 Satzpuzzle

Ort: Unterrichtsraum
Material: Wortzettel, Magnete

Beschreibung: Der Lehrer gibt an Vierergruppen je einen Stapel Wortkarten (Beispiele s. Rückseite) aus. Die Schüler sollen nun so viele Sätze wie möglich bilden und an die Tafel heften. Dazu geht immer ein anderer Schüler aus der Gruppe an die Tafel.

Laura	goes	to	school		
Tim	plays	football	everyday		
Lisa	travels	to	Spain	this	summer
Marie	eats	ice cream	with	friends	

(Kupke & Pernek, 2016)

3 Hörverstehen und Lesen

Thema: **übergreifend**

3.4 Zielwerfen

Ort: Unterrichtsraum
Material: Tafelbild oder Applikationen mit Oberbegriffen (family, shopping, fruits ...), Wollknäule o. Ä.

Beschreibung: Die Schüler stehen in drei Reihen vor der Tafel. Jeweils der erste wirft auf einen Oberbegriff (fruits), nennt einen passenden Unterbegriff (apple) und geht ans Ende der Reihe. Die Gruppe spricht den Begriff.

Varianten: Der Spielleiter nennt einen Unterbegriff. Die ersten Schüler der Reihen versuchen, den passenden Oberbegriff zu treffen. Punktverteilung möglich.

3 Hörverstehen und Lesen

Thema: **übergreifend**

3.5 Lückentextstaffel

Ort: Schulhof, Sporthalle, großes Zimmer
Material: Lückentexte (je nach Anzahl der Gruppe), Wortkarten

Beschreibung: Die Schüler bilden Mannschaften. Jede Gruppe erhält einen Lückentext. Auf einem Hocker befinden sich die Wortkarten, die auf der Rückseite mit der Gruppennummer markiert sind. Der erste Schüler holt eine Karte. Während der nächste Schüler bereits läuft, ordnen die anderen Kinder die Wortkarte in den Lückentext ein. (Beispiel s. Rückseite)

Henry the little beetle

Once upon a time there was a little beetle called Henry. Henry was a very friendly and happy beetle. On a sunny summer day Henry made a trip to the Ocean with his parents. This was a very long trip. Henry´s parents were very tired. They decided to sleep a few hours before dinner. The little beetle was not tired at all. He took his very little teddy and was climbing on a big tree to see the whole ocean. The view was amazing. Later Henry wanted to go back to his parents and tried to jump down the tree, but he was too scared. "Hello? Mummy? Please, help me." No one heard him and his parents were still sleeping. Suddenly there was a little bird in the tree, sitting next to Henry. "Can I help you?" The little beetle was crying. "Yes. Could you help me going back to my mummy? I am scared." The little bird puts the beetle on his wings and started to fly. Henry took his teddy and was so tired that he felt asleep next to his parents. He dreamed of his new friend,the little bird.
(Kupke, 2016)

Once upon a time	friendly	happy	made a trip	tired	climbing
ocean	scared	Suddenly	crying	wings	dreamed

4 Schreiben (Hörverstehen und Sprechen)

Thema: **Me, my family and my friends**

4.1 Welche Person?

Ort: Unterrichtsraum

Material: Klassensatz Datenzettel (Name, Vorname, Alter, Wohnort, Telefonnummer)

Beschreibung: Die Schüler gehen mit einem Datenzettel durch den Raum und befragen ihre Mitschüler nach den Daten, die diese erhalten haben. Sie notieren sich die Informationen stichpunktartig. Es sollten mindestens drei Personen befragt werden. Nach einer angemessenen Zeitspanne wird die Befragung beendet. Nun nimmt der Lehrer die Liste mit allen Daten (s. Rückseite) zur Hand und fragt: "What is Christian's last name?" Die Kinder antworten: "Christian's last name is Lange." Der Lehrer ändert seine Fragestellungen, so dass er immer von verschiedenen Personen unterschiedliche Daten abfragt. Dadurch ist sichergestellt, dass jeder Schüler die Möglichkeit besitzt, seine gesammelten Daten auch in den Unterricht einzubringen.

Christian Lange 15 years old Kassel 5432681	Ina Reiter 13 years old Erfurt 9076842	Peter Müller 5 years old Dresden 4727863
Katja Hauf **1 years old** **Bremen** **5432984**	Christina Schwarz **18 years old** **Hamburg** **7659051**	Mirko Heim **9 years old** **Leipzig** **7432516**
Sandra Reichel **19 years old** **Frankfurt** **5429807**	Heinz Richter **2 years old** **Goslar** **2961058**	Rene Hartwig **17 years old** **Riesa** **7659349**

4 Schreiben (Hörverstehen und Sprechen)

Thema: **Around the year**

4.2 Uhrzeiten darstellen

Ort: Unterrichtsraum
Material: -

Beschreibung: Der Spielleiter nennt eine Uhrzeit. Die Kinder versuchen, die Stellung der Zeiger mit ihrem Körper darzustellen (s. Rückseite).

Varianten:

- Gruppenarbeit
- Ziffern darstellen
- erst darstellen, dann Ziffer/Buchstaben durch die anderen Schüler erraten
- Buchstaben darstellen (s. Rückseite) Hinweis: Der Schwierigkeitsgrad ist sehr hoch, da sich die Aussprache mancher englischen Laute sehr von der deutschen Wiedergabe unterscheidet.

4 Schreiben

Thema: **übergreifend**

4.3 Rückenschreiben

Ort: Unterrichtsraum
Material: -

Beschreibung: Die Schüler arbeiten partnerweise. Die zu übenden Wörter stehen hinter der Tafel. Jeweils ein Schüler des Paares geht zur Tafel, merkt sich ein Wort und geht zurück zu seinem Partner. Nun schreibt er seinem Partner das Wort mit der Fingerspitze in großen Buchstaben auf den Rücken. Dieser buchstabiert leise mit und nennt dann das gesamte Wort. Ist es richtig, wechseln die Partner die Rollen.

Variante: Es kann zu Anfang auch nur mit Buchstaben geübt werden, um das Alphabet zu lernen.

4 Schreiben

Thema: **übergreifend**

4.4 Vokabeln sortieren

Ort: Unterrichtsraum
Material: Kärtchen mit verschiedenen Buchstaben, die sortiert ein Wort ergeben

Beschreibung: Auf mehreren Tischen im Klassenzimmer werden die Kärtchen mit den verschiedenen Buchstaben verteilt. Dabei stellt jeder Tisch eine andere Schwierigkeitsstufe dar. Nun soll jeder durch freie Wahl an den Tischen so viele Wörter wie möglich aus den Buchstaben legen.

Varianten:
- Themenbereiche variieren (Familie und Freunde; Essen und Trinken; Hobbys; Tiere)
- Punkteverteilung je nach Schwierigkeitsgrad

4 Schreiben

Thema: **übergreifend**

4.5 Wanderdiktat

Ort: Unterrichtsraum
Material: Karten mit kurzen Sätzen oder Wörtern

Beschreibung: Der Lehrer verteilt Karten im Raum, die jeweils einen kurzen Satz oder ein Wort enthalten. Die Schüler haben ein Blatt Papier und ihr Schreibzeug auf ihrem Tisch liegen. Sie verlassen ihren Platz und gehen zu einer Wortkarte. Sie lesen den Inhalt, prägen sich diesen ein und gehen zu ihrem Platz zurück. Dort schreiben sie den Satz oder das Wort auf. Ziel ist es, alle Wörter und Sätze fehlerfrei auf dem Papier zu fixieren. Zur Selbstkontrolle kann mit der Karte verglichen werden.

Varianten: Auf den Karten könnten sich auch kleine Texte befinden. Die Kinder lesen die Texte und beantworten vorbereitete Fragen zum Inhalt auf einem Arbeitsblatt.

5 Interkulturelle Handlungsfähigkeit (Hör- und Sehverstehen)

Thema: **My body and my clothes; Around the year; Let's go shopping**

5.1 Darstellen einer Geschichte

Ort: Unterrichtsraum
Material: -

Beschreibung: Der Lehrer erzählt eine einfache Geschichte in Englisch (Beispiel s. Rückseite). Die Handlung sollte gut strukturiert und die Wahl des Wortschatzes den Voraussetzungen der Kinder entsprechend sein. Während der Lehrer die Geschichte vorträgt, stellen die Kinder die einzelnen Sätze mit ihren Körpern dar. Sie versuchen Gefühle, handelnde Figuren oder Tätigkeiten nachzuspielen. Dabei sollte den Schülern ein sehr großer Freiraum gelassen werden. Nicht das perfekte Darstellen, sondern das Verstehen der Handlung steht im Mittelpunkt.

Varianten:

- Die Geschichte kann so gestaltet sein, dass die Kinder mit Gestiken ihre Ablehnung oder Zustimmung zu dem Erzählten ausdrücken können. Die Unterstützung durch Bildmaterial ist möglich.
- Während der Erzählung können die Kinder durch Gestik aussagen, ob das Gesagte wahr oder falsch ist.

My way to the shop

My mom sends me to the shop. She gives me five Euro.
I walk out of the house and close the door.
The way is very long and boring.
So I jump along the street. Then I jump on my left foot. Then on my right foot.
There I see my best friend. We say hello.
Together we eat an ice cream.
Then we say good bye.
I start to run. Faster! Faster!
Then I walk very, very slowly. There is the shop.
I buy four apples, seven tomatoes and one bread.
Now I can go home.

Toes, knees, chest, nut, nose

Toes, knees, chest, nut, nose, I love you
Toes, knees, nose. Toes, knees, nose
Toes, knees, chest, nut, nose, I love you
That's what toes, knees, nose
(Carle, E., 1999)

5 InterkulturelleHandlungsfähigkeit

Thema: **Let's go shopping; Let's go on a trip**

5.2 Englisches Pfund

Ort: Unterrichtsraum

Material: acht Schuhkartons, Spielgeld in den Währungen "Englische Pfund" und "Euro"

Beschreibung: Der Lehrer verteilt acht Schuhkartons im Raum, die er vorher mit den Ordnungszahlen von 1. bis 8. beschriftet hat. Unter die Schuhkartons legt er verschiedene Geldmengen der Währung "Englische Pfund". Die Kinder sollen sich im Raum bewegen, die Geldmengen in den Kartons zählen und eine Rangliste der Kartons beginnend mit dem höchsten Betrag aufschreiben.

Varianten:

- Beispiele s. Rückseite

Varianten:

- Partnerarbeit: Partner A zählt die Geldmengen – Partner B bleibt am Platz, schreibt die Angaben auf und sortiert die Werte
- Um Unterschiede zwischen Euro und Pfund zu erfassen und das Umrechnen zwischen den Währungen zu üben, wäre es auch möglich, sowohl Pfund – als auch Euro – oder sogar Pfund und Euro gemischt in die Kartons zu legen. Die Schüler rechnen die Angaben in eine Währung um. Dabei sollte ein Pauschalumrechnungsbetrag vereinbart werden.
- Der Lehrer nennt einen Betrag und die Kinder entscheiden sich für die Nummer des Kartons, in dem sie den Wert vermuten.

5 Interkulturelle Handlungsfähigkeit

Thema: **My hobbies**

5.3 Meilenlauf

Ort: Schulhof, Sportplatz, Schulumgebung
Material: -

Beschreibung: Die Kinder laufen eine vorher abgemessene Meile (englische Meile: 1,61 km; Seemeile: 1,85 km). Nach einem Kilometer legen sie eine kurze Pause ein und vergleichen die absolvierte und die noch zulaufende Strecke.

Variante: evtl. in Verbindung mit Sportunterricht
(Müller, Chr., Obier, M., Liebscher, A., 2006)

5 Interkulturelle Handlungsfähigkeit

Thema: **My hobbies**

5.4 Fangspiele aus Großbritannien

Ort: Schulhof, Sportplatz, Sporthalle
Material: -

Beschreibung: Schülergruppen informieren sich über (Fang-)Spiele aus Großbritannien (Lukácsy, 1982) und stellen diese auch als mögliche Pausenspiele der Klasse vor. Dann wird gemeinsam gespielt.

Ape tag (Affenfang)
Ein Schüler ist der Verfolgte, der andere der Fänger. Dieser muss dem Verfolgten alle Bewegungen - wie ein Affe - nachahmen, was das Fangen erschwert. Rollenwechsel.

Varianten: weitere Spiele s. Rückseite

Bodyguard (Leibwache)
Ein "Teufel" wird von den Mitspielern verfolgt. Er hat drei Leibwächter. Berühren sie seine Verfolger, müssen diese dann die Leibwächter jagen. Wer den "Teufel" fängt, tauscht die Rolle mit ihm.

Chain (Kettenfang)
Wen der Fänger erwischt, muss ihm die Hand geben und mit ihm laufen. Fangen die beiden einen dritten, schließt sich dieser der Kette an.

Touch Wood
Ein oder mehrere "Teufel" fangen die Mitspieler. Entsprechend der Vorstellung, dass Teufel Holz oder Eisen fürchten, sind die Spieler geschützt, wenn sie einen Baum berühren.
(Lukácsy, 1983, S. 16-17)

5 Interkulturelle Handlungsfähigkeit

Thema: **Around the year**

5.5 Halloween

Ort: Unterrichtsraum
Material: -

Beschreibung: Der Lehrer erzählt, wie unterschiedliche Feiertage in englischsprachigen Ländern traditionell begangen werden (Halloween, Ostern, Weihnachten, Thanksgiving u. a.). Die Schüler werden im Vorfeld angehalten unterschiedliche Sitz- und Entlastungshaltungen (s. Rückseite) einzunehmen.

Variante: auch bei anderen Themen möglich

5 Interkulturelle Handlungsfähigkeit

Thema: **Around the year**

5.6 Osterspiel

Ort: Unterrichtsraum

Material: Magnete/Klebeband, Ziffernkarten, Löffel, Eier aus Wachs oder Plastik, Hindernisse

Beschreibung: Der Lehrer macht die Kinder mit einem traditionellen englischen Osterspiel bekannt – dem Eierlaufen (egg running). Es werden mehrere Mannschaften eingeteilt. Immer ein Vertreter läuft mit einem Ei auf dem Löffel zur Wandtafel und nimmt eine Ziffernkarte ab, deren Wert vorher nicht sichtbar war. Schnell läuft der Spieler zur Mannschaft zurück, dabei darf das Ei nicht vom Löffel fallen. Es gibt Punkte für den schnellsten Läufer. Danach müssen die Ziffern auf Englisch bezeichnet werden. Wer die höchste Ziffer erwischt hat, bekommt einen Zusatzpunkt.

Variante: Hindernisse (Stühle) als Slalommarkierung oder zum Überwinden einsetzen

5 Eigene Beispiele

Thema:

Titel

Ort: Unterrichtsraum
Material: -

Beschreibung:

Varianten:

Zeitfracht Medien GmbH
Ferdinand-Jühlke-Straße 7
99095 Erfurt, Deutschland
produktsicherheit@kolibri360.de